Tausend Jahre sind vergangen seit dem Märtyrertod des Heiligen Adalbert im urbs Gyddanyzc und dem Beginn des heutigen Danzig.

Über zehn Jahrhunderte war Danzig immer eine offene Stadt, Verbindungsglied zwischen Ost und West, Nord und Süd; war Aurea Porta - das Goldene Tor der Republik.

In seiner Geschichte erlebte Danzig Zeiten der Blüte als eine der reichsten und schönsten Hansestädte und auch große Zerstörungen während des letzten Krieges.

Heute ist die Stadt wiedererrichtet und bekommt ihren alten Glanz zurück.

Danzig ist eine Stadt von ungewöhnlicher Schönheit, die auch weit über die Grenzen Polens bekannt ist und Menschen aus allen Himmelsrichtungen anzieht.

Trotz des Alters und der langen Geschichte ist Danzig eine junge und lebendige Stadt, die in die Zukunft blickt.

Eine Reise nach Danzig lohnt sich immer. Über Danzig kann Polen kennengelernt werden - Städte und Dörfer, die mit der polnischen und der europäischen Kultur eng verbungen sind.

Der Weg nach Polen führt auch über Danzig.
Herzlich willkommen !

Dr Stanisław Stefan Paszczyk
Präsident des Amtes
für Sport und Touristik

Die ersten Anfänge Danzigs gingen in den Stürmen der Zeit verloren. Die erste uns bekannte Erwähnung Danzigs findet man im „Leben des Heiligen Adalbert" (Vita prima sancti Adalberti). Im Text, der die Geschichte des **Jahres 997** betrifft, tritt die Bezeichnung „urbs Gyddanyzc" auf.

Die älteste Ansiedlung Danzigs, deren Name „**Kdanzc**" oder „**Gdanzc**" nach Dokumenten aus dem 12. Jahrhundert lautete, war wahrscheinlich nach dem Willen von Mieszko I am Fluß Mottlau, nicht weit von deren Mündung in die Weichsel, lokalisiert. Hier enstand auch ein Hafen mit befestigten Hafenkais und wahrscheinlich machte hier auch das Schiff des Prager Bischofs Adalbert fest, der sich auf dem Weg zur Mission in Pruzzen befand.

In Danzig kreuzten sich wichtige Land- und Seewege für den Handel. Sie verbanden Danzig mit **Schweden, Dänemark, Norwegen, Flandern, Kurland, Preußen** und sogar mit **England**. Die Landwege ermöglichten einen Verkehr mit **Ungarn, Böhmen, Rußland** und **Byzanz**. Dank der so günstigen Lage entschieden über die kulturelle Blüte der Stadt verschiedene Orientationen und Erfahrungen.

Im Mittelalter hatte das Handwerk und auch das Kunsthandwerk besondere Bedeutung für die Entwicklung der Stadt. In ganz Europa waren die Arbeiten der Danziger Goldschmiede bekannt. Archäologen haben festgestellt, das es schon zu Ende des 10. Jahrhunderts Goldschmiedewerkstätten gab.

Unter den aufgefundenen und im Archäologischen Museum aufbewahrten Gegenständen sind Schmuckketten, Ohrringe, Anstecknadeln, Türbeschläge und Schatullenverzierungen zu finden. Diese und andere Gegenstände zeugen von der großen ästhetischen Sensibilität und der hohen Kunst der Danziger Handwerker. Die Danziger schmückten sehr gern ihre Häuser, Werkzeuge und Kleidung aus. Die Danziger Bewohner zeigten großes Interesse an der Sakralkunst.

Schon im 10. Jahrhundert wurden in Danzig hölzerne Kirchen errichtet, später auch Kirchen aus Mauerwerk. Ausgestattet wurden diese Kirchen mit Flachreliefs, Holzplastiken und anderen dekorativen Elementen.

Eine hervorragende Rolle bei der Schaffung solcher Bauten spielten die Zistersienser. **Seit dem Jahr 1263, als Danzig das Stadtrecht bekam, wuchs seine Rolle als Hafenstadt**. Im 14. Jahrhundert war die Stadt schon eine der bedeutendsten Häfen des Hanse. Die Blüte der Stadt kam auch den Bewohnern zugute. Wissenschaft, Kultur und Kunst blühten auf und erzielten ihren Höhepunkt im 16. Jahrhundert , dem Goldenen Jahrhundert.

Hervorragende Danziger machten die Stadt in der ganzen Welt berühmt.

Bis heute sind solche Danziger Bürger wie der Poet, Philosoph und Diplomat **Jan Dantyszek** (1485-1538), der Physiker **Daniel Fahrenheit** (1686 - 1736), der Astronom und Brauer **Jan Hewelius**, der berühmte Bildhauer und Architekt **Andreas Schlüter der Jüngere** (1650 -1714), **Daniel Chodowiecki** (1726-1801), der Maler und Grafiker, **Artur Schopenhauer** (1788-1860) der Philosoph, **Günter Grass** (1928) und **Lech Wałęsa** (1943) bekannt und geachtet.

Danzig ist das Symbol geschichtlicher Ereignisse Europas und der Welt. Es genügt, an das Jahr 1361 zu erinnern, als Danzig der Hanse beitrat, an 1562, als Danzig den größten Ostseehafen hatte, an das Jahr 1627 - die Schlacht bei Oliwa, 1939 - den Ausbruch des Zweiten Weltkrieges und schließlich an das Jahr 1980, dem Geburtsjahr der „Solidarność".

Im modernen Danzig wird alles für die Beibehaltung der kulturellen Traditionen getan. Sorgfältig werden wertvolle Bauten und Denkmäler erneuert und restauriert. Die Bürger der Stadt bemühen sich darum, daß hervorragende Kunstwerke an ihre angestammten Plätze zurückkommen. Und gleichzeitig wird Sorge darum getragen, daß die Stadt eine der modernen europäischen Städte wird. **Gegenwärtig gibt es in Danzig 9 Hochschulen, 4 Theater, 5 Museen, 11 Gemäldegalerien, eine Oper und Philharmonie, 6 Forschungsinstitute**. Es entstanden moderne Unternehmen der Elektrotechnik, der Lebensmittelbranche, Chemiebetriebe. Die Werften, der Danziger Hafen und die Weiße Flotte wurden beträchtlich ausgebaut. Nach den Ereignissen im August 1980 erfolgte ein deutlicher Erneuerungsprozeß, und obwohl er noch nicht vollständig abgeschlossen ist, sind doch große Veränderungen zu bemerken. Am intensivsten entwickelte sich der Sektor von Privatunternehmen sowie Schulen auf allen Stufen.

Von Jahr zu Jahr steigt die Zahl der kulturellen Veranstaltungen. Zu erwähnen ist hier der **Dominikaner-Markt**, der älteste Markt in Europa, der Anlaß für viele internationale Veranstaltungen bietet. **Zu nennen wären hier unter anderem: Rock-Konzerte, Konzerte klassischer Musik, Orgelkonzerte und Chorkonzerte, Festival der Folklore der Nordvölker, Ritterturniere.**

Wie ersichtlich, kehrt Danzig wieder zu seiner ehemaligen Rolle als „Goldenes Tor der Republik" zurück. Am Ende des 20. Jahrhunderts ist die Stadt nicht nur attraktiv für Unternehmer, Wissenschaftler, Politiker und Künstler, sondern auch für Touristen. Sie können die wiederhergestellten Denkmäler von Weltklasse und zahlreiche herrliche Kunstwerke bewundern. **Auf dem „Königsweg", der seinen Anfang nimmt am Hohen Tor und mit dem Grünen Tor abschließt**, sind so viele architektonische Denkmäler von hohem Wert angesiedelt, daß es für mehr als nur eine Stadt ausreichen würde. Und dies ist nur der Beginn einer Wanderung auf dem Pfad der Danziger Tradition.

Beginnen wir also unseren Besuch Danzigs am Hohen Tor.

Das Hohe Tor wurde vom Baumeister Wilhelm van den Blocke in den Jahren 1587/88 errichtet. Es ist eines der herrlichsten Renaissance-Tore Europas. Noch größeren Eindruck machte das Tor vor der Abtragung der Wallanlagen und der Zuschüttung des Befestigungsgrabens, über den drei Zugbrücken führten. Die ursprüngliche Westfassade ist geschmückt mit einem Wappenfries der Wappen Königlich-(Polnisch)Preußens, Polens und Danzigs. Auf der Brust des polnischen Adlers ist das Wappen des polnischen Königs Stanisław August Poniatowski. Die lateinischen Inschriften lauten: „Am klügsten handeln diejenigen, die für die Republik handeln", „Gerechtigkeit und Frömmigkeit sind die zwei Grundlagen jeglichen Königtums" und „Die wertvollsten Güter der Gesellschaft sind Frieden, Freiheit und Eintracht". Auf der Westfassade wurde 1884 nach der Abtragung des aus den Jahren 1574 -1576 stammenden Innentores das Wappen der Hohenzollern angebracht.

Das Große Zeughaus ist gegenwärtig Sitz der Akademie der Künste und gehört zu den größten Gebäuden der niederländischen Renaissance. Errichtet wurde es in den Jahren 1601 -1609 von Antoni van Obberghen, dem berühmten Baumeister des Hamletschlosses in Helsingör. Dank meisterhaft ausgewogener Proportionen wird das Umfeld des gewaltigen Gebäudes nicht unterdrückt. Die Farbigkeit der eingesetzten Materialien, der lockere Umgang mit den Gesetzen der Geometrie und auch die große Verschiedenheit der architektonischen Details erwecken Bewunderung nicht nur bei Kennern. Die bildhauerischer Ausstattung stammt unter anderem von Wilhelm Barth aus Gent. Er schuf die Figur der Minerva am „Brunnen" zur Beförderung von Kanonenkugeln, die Soldatenplastiken zwischen den Giebeln, die mit Granatenexplosionen darstellenden Kugeln geschmückt sind. Von ungewöhnlicher Schönheit ist die Dekoration der Portale. In dem riesigen Saal von 2000 qm Fläche im Erdgeschoß wurden Kanonen aufbewahrt, im Keller die Munition; in der ersten Etage war das Lager für die leichteren Waffen. Auf der Seite des Kohlenmarktes stand bis vor kurzem die Figur des legendaren Kosaken, der auf Befehl von Stefan Batory seinen Herrn, den Moldauischen Fürsten Iwan Podkowa, hingerichtet hatte.
Das historisch so wertvolle Gebäude bedarf der Wiederanbringung der fehlenden Elemente (Figuren, Fensterkreuze, Brunnengitter, die aus den Radierungen von Schultz bekannte „polnische" Attika von Süden) sowie der reichen Vergoldungen. **Der Strohturm**, der mit dem Zeughaus durch die sogenannte „Seufzerbrücke" verbunden ist, stammt aus dem 16. Jahrhundert.

Das imposante **Vortor der Langgasse** besteht aus dem 55 Meter hohen **Stockturm** und dem früheren Torgebäude mit einer angebauten Etage, **der Peinkammer**. Diese beiden Gebäude sind durch eine Mauer, den sogenannten Hals, verbunden. Der Beginn dieser Anlage reicht in die Jahre 1378/1379 zurück; die gegenwärtige Form des Stockturms stammt aus dem Jahre 1586, die Peinkammer erhielt ihre jetzige Gestalt 1594. Autor der Umbauten war Antoni van Obberghen aus Mechelen. Seit 1604 war hier das Stadtgefängnis untergebracht, das endgültig erst 1861 aufgelöst wurde. Erinnerungen daran sind die dunklen Zellen, die von den Gefangenen in die dicken Mauern eingekratzten Zeichnungen, die Stahlstange im Hof, an den Gefangene gekettet waren und auch die Reste des Prangers. Heute hat hier der Lehrstuhl für Kriminalistik der Universität Danzig seinen Sitz.

In den Jahren 1612 - 1614 wurde an der Stelle des Langgasser Tors aus dem Jahre 1346 das heutige **Goldene Tor** erbaut. Sein Baumeister, Abraham van den Block, gab ihm die Form eines Triumpfbogens mit einer Renaissance-Dekoration und lateinischen und deutschen Sentenzen. Von der Stadtseite aus ist zu lesen: „In Eintracht wachsen kleine Staaten, durch Zwietracht zerfallen große"; von der Außenseite „Es möge Friede sein in deinen Mauern und Glück in deinen Palästen (Psalm 122)". 1648 wurden auf der Ballustrade acht allegorische Figuren, ein Werk von Peter Ringering, aufgestellt. Diese Figuren sind nach Radierungen von Jeremias Falck nach dem Zweiten Weltkreig rekonstruiert worden.

Untrennbar mit dem Tor ist die spätgotische **St. Georgshalle** verbunden, die 1487-94 als Sitz des Georgs-Ritter errichtet wurde. Nördlich der Halle war ein Schießplatz angeordnet. 1566 wurde der Turm errichtet, der von der Figur des Hl. Georg gebrönt ist. (Das Original ist im Nationalmuseum.)

Das Erbe seines Vaters nutzte Johann Uphagen, späterer Ratsherr, der sich auch mit Philosophie und Geschichte befaßte, zum Bau eines Hauses, das ein Denkmal der bürgerlichen Kultur werden sollte. Die Errichtung **der Uphagen-Hauses** nach einem Entwurf von Johann Dreyer wurde 1779 abgeschlossen; die Innenasustattung war 1787 vollendet. Im Sinne des Testaments wurde das Haus in unverändertem Stil erhalten.

1911 bekam es den Status eines Museums. Während des Krieges erlitt das Gebäude beträchtliche Zerstörungen, nur 40 % der Innenausstattungen blieben erhalten. Gegenwärtig soll der Wiederaufbau dem Haus seine alte Schönheit und Funktion zurückgeben.

Der am schönsten wieder aufgebaute Stadtteil Danzigs ist **die Rechtstadt. Das Rechtstädtische Rathaus** verdankt seine heutige Gestalt dem Bau aus den Jahren 1379 - 1382 als einstöckiges Gebäude mit einem niedrigen Turm und auch späteren Umbauten aus der Mitte des 15. Jahrhunderts, als die Dekorationen der Ostwand, Ecktürme und die obere Turmetage angefügt wurden, sowie einem weiteren Umbau Mitte des 16. Jahrhunderts, bei dem die obere Gebäudeetage, die Flügel um den Hof und der herrliche Renaissance-Turmhelm mit der Figur Sigismund Augusts von der Hand Dirk Daniels aus dem Jahre 1561, das Glockenspiel von Jan Moor aus Hertogenbosch, die Wappenballustrade von der Seite des Langen Marktes angebaut wurden. Der Beischlag und das Portal aus dem Jahre 1768 sind Werke von Daniel Eggert. Auch die anderen Räume des Rathauses sind reich mit Kunstwerken ausgestattet: die Winterratsstube (Kamin), die Große und Kleine Wettstube, die Stadtkämmerei („Der Zinsgroschen" von Anton Möller, der Zyklus zu „Die Sintflut" und „Verwirrung der Sprachen" von Isaak van den Block) die Kanzlei und das Ratsarchiv. Vom Turm aus hat man einen herrlichen Blick auf die Stadt Danzig. Sehenswert ist auch die ehemalige Pfahlkammer im Kellergeschoß, wo einst Hafengebühren eingezogen wurden. Nach dem Wiederaufbau ist das Rechtstädtische Rathaus Sitz des Museums für Geschichte der Stadt Danzig.

NEC TEMERE NEC TIMIDE

An der Wende des 16. Jahrhunderts entstanden die bekannten herrlichen Innenausstattungen - der Sommer-Ratsstube, die auch Roter Saal genannt wird. Unter der Leitung von Antoni van Obberghen erfolgte die Ausschmückung in den Jahren 1593 - 1611. Bewundernswert sind die Schnitzereien der Sitzbänke, Simse und Bilderrahmen (Simon Herle), der herrliche Kamin mit dem Danziger Wappen (Wilhelm Barth), die allegorischen Gemälde an den Wänden (Jan Vredeman de Vries) und die Malereien des Plafonds (Isaak van den Block) mit der berühmten Apotheose Danzigs, umgeben von den Wappen Polens, Danzigs, Litauens und Königlich-Preußens. Die Danziger Rattherren ließen sich in ihren Entscheidungen immer vom Motto „Nec temere nec timide" leiten.

Der Artushof, der nach König Artur aus der Artus-Runde benannt ist, bestand schon seit 1350. Seine heutige Größe erhielt er in den Jahren 1552 und 1617. Den zweiten Umbau leitete Abraham van den Block. Er fügte das Portal mit den Bildnissen des Königs Sigismund III und dem Prinz Wladyslaw, den Skulpturen antiker Helden, den Figuren der Gerechtigkeit und der Macht sowie der Fortuna auf der Giebelspitze zu. Der Artushof war Versammlungsstätte der bürgerlichen Bruderschaften, den sogenannten Banken, Konzertsaal (seit 1631) und die erste Börse in Polen (seit 1742). Nach dem Wiederaufbau nach den Kriegszerstörungen dient er musealen und repräsentativen Zwecken. Das Innere ist eine wunderschöne spätgotische Halle, ausgefüllt mit Kunstwerken, die im Laufe von Jahrhunderten durch die Bruderschaften zusammengetragen wurden. Die ältesten - der Hl. Georg von Hans Brand (um 1485) und den Hl. Jacob in der Drei-Königsbank stammen aus dem Mittelalter. Die Renaissance bereicherte die Innenausstattung durch die Intarsien der Banklehnen mit dem Schnitzwerk von Paul und Adrian Karffycz (1531 - 1538), der Figur des Hl. Christoph (1542) und des Hl. Reinholds (1534), die Skulptur des Kasimir Jagiello (Mitte des 16. Jahrhunderts), die Fresken in der St. Christoph-Bank (1567), der gemalte Triumpf des Kasimir Jagiełło von Lucas Ewert in der Marienburger Bank (1585), der zinnerne Schanktisch (1592), die Empore für die Musiker (1595) mit der 1798 zugefügten Uhr von Johann Weichenthal und vor allem der größte Renaissance-Kachelofen der Welt von Georg Stelzener (1545), der aus über 520 Kacheln besteht, die unter anderem die Herrscher des damaligen Europas darstellen. Die „gefährliche" Kachel mit Till Eulenspiegel war dort schon zu Beginn des 18. Jahrhunderts angebracht. Die malerische Ausstattung bildet einen Zyklus von mythologischen Erzählungen (z.B. Diana und Akteon von Meister Georg aus den Jahren 1531 - 1534) und auch historischen Ereignissen (z.B. das Opfer des Markus Kurius), die von der hohen Kultur und dem humanistischen Interesse der Danziger zeugen. Unter den Schiffsmodellen erweckt Aufmerksamkeit die Felluke mit der schießenden Kanone und die herrliche „Mars" aus dem 16. Jahrhundert.

In den Zeiten der Renaissance wurden in vielen Städten Europas repräsentative Brunnen aufgestellt. Das reiche Danzig konnte dem nicht nachstehen. Die Entscheidung über den Bau des **Neptun-Brunnens** auf dem Langen Markt wurde 1611 getroffen. Proben, den berühmten Adrian de Vries aus Augsburg nach Danzig zu holen, waren erfolglos, und so wurde die Errichtung des Brunnens einheimischen Meistern übertragen. Der Entwurf und die Steinarbeiten wurden 1613 von Abraham van den Block ausgeführt, die Figur des Neptuns goß 1615 Gert Benning II nach einem Modell von Peter Husen. Der Brunnen selbst wurde erst 1633 aufgestellt. Im Jahre 1634 wurde anläßlich der Feier des Sieges der polnischen Truppen über die russischen bei Smolensk das Wasserspiel in Gang gesetzt. Ein Teil der Steinplastiken wurde 1761 ausgetauscht und Polnische Adler wurden hinzugefügt, die 1936 von den Nazis entfernt wurden (die gegenwärtigen sind Rekonstruktionen).

Mit dem Artushof war untrennbar die **Danziger Diele** im ehemaligen Schöffenhaus verbunden, das zu Gerichtsverhandlungen seit 1712 diente. 1901 wurde hier eine Ausstellung der Sammlungen von Lesser Gieldziński eröffnet, die aber leider während des letzten Krieges zerstört wurde. Seit kurzem kann die originale Ausstattung einer anderen Danziger Diele von um 1700 bewundert werden, die vom Gut Klanino bei Putzig zurückgebracht wurde. Von der alten Ausstattung blieb der Kamin mit dem wiederhergestellten Danziger Wappen erhalten.

Der Bürgermeister Hans Speimann, ein hervorragender Kunstförderer, fand die Muster für den Umbau seines bekannten **Goldenen Hauses** am Langen Markt in Italien. Den Entwurf dafür fertigte Abraham van den Block. Von 1609 bis 1617 dauerten die Arbeiten. Die bildhauerliche Ausstattung, ein Werk von Hans Voigt aus Rostock, umfaßt Szenen klassischer (Temistokles, Mucius Scewola, Camillus usw.) und neuzeitlicher Helden (Skanderbeg und Hunyady). Unter den Bildnissen an den Wandpfeilern sind die Kaiser Otto und Heinrich sowie die Könige Jagiello und Siegmund III. Auf der Ballustrade stehen die Figuren der Kleopatra, Ödipus, Archilles und Antigone, auf der Spitze Fortuna, über dem Eingang die Caritas mit dem Kind. Im 19. Jahrhundert war das Haus Eigentum des Malers Steffens; in den Jahren zwischen den Weltkriegen hatte hier u.a. die Vertretung der Schiffahrtslinie Cunard ihren Sitz, nach dem Umbau das Meeres-Institut.

Zur Ausstattung der Marienkirche gehört auch das Gemälde von Hans Memling „**Das Jüngste Gericht**", das sich gegenwärtig im Nationalmuseum befindet. Ursprünglich war das Werk bestimmt für die St. Michaelis-Kapelle in der Kirche zu Badia Fiesolana bei Florenz, konnte aber durch den Kapitän Paul Beneke im Jahre 1473 während des Krieges der Hanse mit England erobert werden. Viele gekrönte „Kunstsammler", wie Rudolf Habsburg, Peter der Große, Napoleon versuchten, das Gemälde in ihren Besitz zu bekommen, aber es kehrte immer nach Danzig zurück. Während des letzten Krieges wurde es nach Deutschland gebracht, ging verloren und wurde in Rußland gefunden, von wo es nach Danzig zurückkehrte.

Dieses Gemälde ist eines der hervorragendsten Werke von Hans Memling, voller meisterhafter Komposition und Dramatik.

Der Grundstein unter die **Marienkirche** wurde am 28. Mätz 1343 gelegt. Im Verlauf von kaum 20 Jahren errichtete man eine imposante Basilika, die bis zur heutigen Kreuzung der Kirchenschiffe reichte. Die erste Erwähnung des Glockengeläutes stammt aus dem Jahre 1347, ein Altar wird erstmals 1352 erwähnt. 1379 begann Heinrich Ungeradin den Bau eines Hallenchors mit dreischiffigem Querschiff. Zwischen den nach innen eingezogenen Strebepfeilern wurden die Kapellen errichtet. Den Stein für den Sockel führte man aus Estland ein, das Holz für das Dachgestühl stammte aus den Wäldern Masoviens. In den Jahren 1440 -1446 wurden die Giebelwände mit wunderschönen Kreuzen errichtet. 1466 schloß man die Erhöhung des Turms ab. In den Jahren 1484 - 1498 wurde das basilikale Langhaus in eine Hallenkirche umgebaut. Endlich konnte am 28. Juli 1502 der Schlußstein in das Gewölbe eingefügt werden.

Die Kirche ist 105 m lang, 41 m breit (im Querschiff 66 m), die Turmhöhe beträgt 78 m, die Gewölbe sind 28 m hoch und Fläche beträgt 0,5 ha, womit sie zu den 40 größten Kirchen Europas zählt. Jedoch ist sie die größte aus Backstein gebaute Kirche der Welt. Die Ausstattung war von ungewöhnlichem Reichtum - allein schon der Altäre gab es 47! In den Wirren der Geschichte ging ein Teil dieser Ausstattung verloren. Die wertvollsten Objekte sind in Museen zu bewundern. Von den 23 erhalten gebliebenen Altären sind 8 im Nationalmuseum in Warschau und in Danzig. Ein großer Teil der Meßgewänder werden in Lübeck und Nürnberg aufbewahrt. Das einmalige Glockenspiel wurde im Krieg zerstört; zwei vor dem Einschmelzen gerettete Glocken befinden sich heute in Lübeck und Hildesheim. Trotzdem gehört die Sammlung von Kunstschätzen in der Marienkirche zu den größten in Polen: 13 gotische Altäre, 32 Epitaphien aus der Renaissance und dem Barock, über 500 Grabplatten, Sakramentenschrein von um 1480, Zehn-Gebote-Tafel (um 1480), der Hl. Georg um 1400 mit Landschaftsgemälden um 1430 und 1500, die nach dem Krieg entdeckten Wandmalereien in der St. Jacobs-Kapelle (um 1430) Sockel und Figuren des vermißten berühmten Taufbekkens, das 1556 in Utrecht gegossen wurde (das gegenwärtige stammt aus der St. Johannis-Kirche) und die herrliche Orgel (1629 - St. Johannis-Kirche), das in deutsch-polnischer Zusammenarbeit wiedererbaut wurde. Das Instrument mit seinen 46 Stimmen gehört zu den besten der Welt. Jährlich werden Orgel-Festivale im Sommer von zahlreichen Gästen besucht.

Ein ungewöhnliches Kunstwerk ist die **Astronomische Uhr** von Hans Düringer aus dem Jahre 1470. Sie hat eine Höhe von 14 Metern und ist die größte mittelalterliche Uhr der Welt. Auf ihr kann man nicht nur die Zeit ablesen, sondern auch die Mondphasen und die Lage von Sonne und Mond im Tierkreis. Auf dem Kalendarium ist das Datum und der Wochentag, die Namen der Kalenderheiligen, die Kategorien der kirchlichen Feste, die Neumonddaten minutengenau abzulesen, was einst mit anderen chronologischen Angaben u.a. dazu diente, das Datum für das Osterfest genau festzulegen. Im oberen Teil der Uhr schlagen Adam und Eva die Stunden und Viertelstunden, zu Mittag erscheinen die Figuren der Apostel und Evangelisten (es fehlen noch einige). In Zukunft soll ihr Erscheinen von Orgelmusik begleitet sein.

Die **Königliche Kapelle** ist eine Erinnerung an den Aufenthalt von König Johann Sobieski in Danzig in den Jahren 1677/78. Während des Besuchs starb Primas Andreas Olszowski, der aus seiner Hinterlassenschaft 80 Tausend Zloty für den Bau einer Kirche für die Katholiken der Pfarrei St. Marien bestimmte. Zu dieser Zeit war die Marienkirche protestantisch. Der König gab 20 Tausend Zloty dazu und im Jahre 1681 war der Bau der Kapelle beendet. Wahrscheinlich stammt der Entwurf von Tillmann van Gameren, der Baumeister war Bartholomäus Ranisch und die Plastiken der Fassade wurden vom jungen, später durch seine Werke in Warschau, Wilanow, Berlin und Petersburg berühmt gewordene Andreas Schlüter ausgeführt. Im oberen Teil der Fassade brachte er das Wappen der Republik mit „Janina" Sobieskis an. Die Kapelle wurde dem Heiligen Geist gewidmet und, um die Stifter zu ehren, dem Heiligen Johannes und dem Heiligen Andreas. Das **Pfarrhaus** von St. Marien, hinter der Königlichen Kapelle gelegen, hat eine bis zum Jahre 1343 zurückreichende Tradition. Das gegenwärtige Gebäude wurde auf Initiative von Moritz Ferber errichtet.

Nur in Danzig zu finden sind die **Beischläge**. Diese Terassen vor den Häusern hatten zumeist Treppen und schmückende Brüstungen. Um die Mitte des 19. Jahrhunderts gab es über 600 in der Stadt, gegenwärtig etwa 100. Die größte Anzahl war in der **Frauengasse** zu finden, die als die schönste Gasse, nicht nur in Danzig, gilt. Auf der einen Seite wird die Gasse abgeschlossen von der gewaltigen Marienkirche auf der anderen Seite durch das Frauentor und das Haus der Danziger Naturforschenden Gesellschaft (gegenwärtig Achäologisches Museum). Vom Turm dieses Gebäudes hat man einen herrlichen Blick auf den alten Hafen.

Das Grüne Tor erbaute 1568 der Baumeister Regnier aus Amsterdam nach einem Entwurf von Hans Kramer. Typische kleinformatige Ziegel wurden aus Holland eingeführt. Ursprünglich stand hier das mittelalterliche Koggen-Tor. Das Gebäude war offiziell zur Residenz der polnischen Könige während ihres Aufenthaltes in Danzig vorgesehen. Jedoch zogen die gekrönten Häupter die Bürgerhäuser am Langen Markt vor. Im Grünen Tor selbst wohnte nur im Jahre 1646 Ludwika Maria. Im Fries des Tores, über den Durchfahrten, sind die Wappen Danzigs, Polens und Königlich-Preußens angebracht. Über der vierten Durchfahrt, die erst 1883 geöffnet wurde, und in der sich einst die Stadtwaage befand, hängt das Wappen der Hohenzollern. In den Jahren 1746 - 1845 war das Grüne Tor Sitz der Danziger Naturforschenden Gesellschaft, ab 1880 befand sich hier das Museum für Naturkunde mit einer sehr reichen Bernsteinsammlung. Nach dem Wiederaufbau waren die Räume von Werkstätten für Denkmalspflege genutzt, heute ist das Tor Sitz des Bundes der Ostseestädte, in dem 62 Städte verbunden sind.

Von den erhalten gebliebenen Hafenanlagen blieb das **Krantor** aus dem Jahre 1444 erhalten, der größte Hafenkran des mittelalterlichen Europas. Sehr eindrucksvoll ist die Demonstration der Arbeit dieses Hebezeuges.

Die **Lange Brücke** ist die einzige Promenade dieser Art in Polen. Sie entstand als Verbindungen der Löschbrücken vor den Wassertoren an den Ausgängen der Hauptstraßen der Rechtstadt. Ab 1895 ersetzte man die alten hölzernen Anlegebrücken durch solche aus Ziegel und Stahl und nach dem letzten Krieg auch aus Beton. Der ehemalige Danziger Hafen an der Mottlau gehörte zu den größten in Europa, im Laufe eines Jahres machten Tausende Schiffe fest. Am gegenüberliegenden Ufer der Mottlau stehen **Speicherruinen** aus dem 15. bis 18. Jahrhundert, die auf ihre Rekonstruktion warten. Im 17. Jahrhundert gab es über 300 Speicher, vor 1945 noch 175. Statt Nummern waren die Speicher mit Namen versehen. Hauptsächlich wurde in ihnen polnisches Getreide gelagert. Ein Teil von ihnen wurde schon wiedererichtet.

Den Namen **Milchkannentor** erhielt dieses Tor nach der Form des größeren der zwei Wehrtürme. Es wurde in den Jahren 1517 - 1519 errichtet. Der kleinere Turm, der „Sahnetopf" ist älter und enstand wahrscheinlich 1456, als der neue Wassergraben angelegt wurde, der die Speicher von Osten schützen sollte. In den Jahren 1576 - 1598 wurde der verlängerte und vertiefte Graben zur Neuen Mottlau und die Speicher befanden sich auf der Speicherinsel.
Gegenwärtig ist das Tor Sitz des Vereins Rote Rose sowie der Künstleragentur „Arpo".

Die Festung Weichselmünde ist ein wahres Schmuckstück der Befestigungsanlagen. Der älteste Teil ist der 1482 errichtete Turm, der bis 1758 als älteste polnische Seeleuchte diente. Von der Turmspitze aus hat man einen herrlichen Blick auf den ganzen Hafen. Um den Turm herum wurden 1563 die runde Bastei, der sogenannte Kranz, erbaut, an den im 17. Jahrhundert das Haus des Festungskommandanten und Offiziershäuser angebaut wurden. Auf der gegenüberliegenden Seite, am Wall des sogenannten Fort Carrè, steht die ruinierte Kaserne. Das Fort Caree setzt sich aus 4 Bastionen aus den Jahren 1586 -1611 zusammen: Büchsmeistersort, Scharfenort, Süd-Ost-Bastion und Wasserpforte. Von drei Seiten sind sie von einem Wassergraben umgeben, auf der vierten Seite fließt die Weichsel. Über dem Eingangstor ist das Jahr 1602 zu lesen. Den inneren Festungsring bildet die Ostschanze aus dem Jahre 1626 mit den Bastionen Putziger Winkel, Scharfenort, Schweinskopf, Bleichplatz und Weichsel. Die Festung Weichselmünde ist eine Abteilung des Museums für Geschichte der Stadt Danzig. In den Sommermonaten finden hier verschiedenartige Veranstaltungen, wie zum Beispiel Ritterturniere, statt.

Die **Westerplatte** enstand in der zweiten Hälfte des 17. Jahrhunderts aus einer Sandbank westlich von der derzeitigen Weichselmündung. 1734 landeten hier französische Truppen, die dem polnischen König Stanislaw Leszczynski im von den Russen belagerten Danzig zur Hilfe kamen. Im 19. Jahrhundert war die Westerplatte ein beliebter Badeort der Danziger. Im Jahre 1925 wurde die Westerplatte Polen für ein Heeres Munitionsdepot überlassen. Und hier begann am 1. September 1939 der Zweite Weltkrieg. Die 210 Mann starke Mannschaft wurde über eine Woche vom Kreuzer „Schleswig-Holstein" beschossen, von Flugzeugen bombardiert und von 3000 Soldaten angegriffen. Die Verteidiger der Westerplatte ergaben sich erst, als Munition und Verbandmaterial aufgebraucht waren. Erinnerung an diese Ereignisse ist das Wachhaus Nr. 1, das einzig erhalten gebliebene. In seinen Innenräumen ist eine interessante Ausstellung. Vom Denkmalshügel aus bietet sich ein herrlicher Blick auf die Danziger Bucht und den Hafen.

Das **Denkmal für die gefallenen Werftarbeiter** wurde am 16. Dezember 1980 enthüllt. Es erinnert an die in den Dezember-Ereignissen gefallen Arbeiter der Werften. Der blutig unterdrückte Protest trug Früchte in der Gründung der „Solidarność" und dem Ende des kommunistischen Systems - nicht nur in Polen. Die metallenen Plastiken der Werftarbeiter sind begleitet von den Versen des Nobelpreisträgers Czesław Miłosz.

Die Anfänge von **Nowy Port (Neufahrwasser)** reichen bis in die Jahre 1674/75, als die neue westliche Hafeneinfahrt zwischen dem Festland und der späteren Westerplatte geschaffen wurde. Nach der Ersten Teilung Polens erfolgte der Ausbau der Kaianlagen. Eine dynamische Entwicklung erfuhr der Stadtteil im 19. Jahrhundert. 1824 - 1844 entstanden neue Molen, 1879 der spätere Freihafen, 1903 der jetzige Kaschubische Kanal, 1925 das Munitionsbecken auf der Westerplatte, 1938 das Kohlebecken. Die Tiefe der Schiffahrtsrinne wurde auf 10,5 m vergrößert. Die gesamte Fläche der Hafenbecken konnte auf 896 ha, davon der Seehafen auf 211 ha (gegenwärtig 370 ha), erweitert werden. Nach Inbetriebnahme des Nordhafens kann Danzig als einziger Hafen an der Ostsee Schiffe mit einem Tiefgang bis zu 15 m aufnehmen.

Der Leuchtturm in Neufahrwasser entstand 1894 als erster elektrischer Leuchtturm des damaligen Deutschlands. Vorbild für diesen Leuchtturm war der von Cleveland. Zur Speisung diente ein von einer Dampfmaschine angetriebener Generator. Die Leuchtweite betrug 16 Seemeilen (30 km). Auf der Spitze des Turms war ein Mast aufgestellt mit einer sogenannten Zeitkugel von 1,5 m Durchmesser. Pünktlich um 12 Uhr mittags wurde die auf dem Mast gezogene Kugel fallengelassen. Die Kapitäne regelten danach ihre Chronometer. Seit 1984 ist der Leuchtturm nicht mehr tätig. Der neue im Nordhafen mit einer Reichweite von 25 Seemeilen (46 km) gibt das stärkste Licht an der polnischen Küste.

Die **Kathedrale zu Oliva**, eine ehemalige Zistersienserkirche, ist die längste in Polen. Die Zistersienser kamen nach Oliva im jahre 1186. Ihr Kloster war berühmt für seinen großen Reichtum - im 18. Jahrhundert gehörten ihnen 45 Dörfer. 1587 schwor hier König Siegmund III die Pacta Conventa. Die ältesten Teile des Doms bestehen seit um 1200, das jetzige Gewölbe mit den Wappen der Danziger Familien stammt aus dem Jahre 1594, das Portal und der Hauptaltar ist 1771 entstanden. In der Kirche gibt es 23 Seitenaltäre aus dem 16.- 17. Jahrhundert. Die Kanzel wurde im 18. Jahrhundert der Abt Jacek Rybinski gestiftet. Marmorgrabplatten erinnern daran, daß im 13. Jahrhundert in der Kirche die Danziger Herzöge beigesetzt wurden. Einen wunderschönen Klang hat die von Johann Wulf und Friedrich Dalitz in den Jahren 1763-1793 gebaute Orgel. Sie hat 110 Stimmen und 7876 Orgelpfeifen. Bei den jährlich stattfindenden Orgelfestspielen geben die besten Organisten hier Konzerte. Der Dom ist umgeben von einem sehr schönen und berühmten Park aus dem 17./18. Jahrhundert, in dem auch das Äbteschloß aus dem Jahre 1756 steht. In diesem Palast schrieb Ignacy Krasinski seine „Monachomachie".

*D*er **Wasserhammer** im Ernsttal war schon 1597 tätig. Gegenwärtig gehört die Schmiede zum Technischen Museum. Von großem Interesse sind Präsentationen der Schmiedehämmer, die von den Wassern des Olivaer Baches angetrieben werden. Vor der Teilung Polens arbeiteten in Danzig und in der nächsten Umgebung 57 mit Wasserkraft angetriebene Betriebe.

*D*as **Freudental** ist das Tor zu einer der schönsten Landschaften Danzigs. Dieses Waldgebiet liegt in naher Nachbarschaft zur Kathedrale, dem Äbteschloß und den Zoo in Oliwa. Das Tal ist Landschaftsparkgebiet, in dem man Rehe, Hirsche und Wildschweine treffen kann. Das Gelände der Moränenhügel ist ungewöhnlich abwechselungsreich - kleine Täler, Bäche, Teiche und Lichtungen. Hier sind auch die beiden einzigen Reitklubs Danzigs.
In dieser wunderschönen Umgebung finden herrliche Veranstaltungen statt, ungeachtet des Wetters. Das Freudental war und ist beliebter Erholungsort der Danziger. Johann Wolfgang von Goethe sagte nach seinem Besuch in diesem Teil Danzigs, daß „Oliwa der schönste Ort der Welt" sei.

▶ (red)	Flugverbindung
▶ (brown)	Straßenverbindung
▶ (black)	Zugverbindung
▶ (blue)	Schiff(Fahr)verbindung
ZASPA	Stadteile Danzigs
● Gdańsk Stocznia	S-Bahn Haltestellen
▬	Hauptvehrkehrsstraßen
▭	Umgehungsautobahn

KULTURELLE EINRICHTUNGEN

THEATER

Staatliche Baltische Oper, Zwyciestwa Al. 15

„Miniatura", Staatliches Marionettentheater, Grunwaldzka Str. 16

„Wybrzeże" Staatliches Theater, Targ Weglowy 7

Baltische Philharmonie, Zwyciestwa Al. 14

KINOS

„Bajka" - Jaśkowa Dolina Str. 14

„Neptun" - Długa Str. 57/58

„Nord" - Marynarki Polskiej Str. 5

„Kameralne" - Długa Str. 57/58

„Zawisza" - Słowackiego Str. 3

„Znicz" - Szymanowskiego Str. 12

„Helikon" - Długa Str. 57/58

„Watra Syrena" - Za Murami Str. 2/10

MUSEEN

Zentrales Seemuseum, Szeroka Str. 67/68

Achäologisches Museum, Mariacka Str. 25/26

Museum für Stadtgeschichte, Długa Str. 47

„Artushof", Długi Targ 1

Museum-Peinkammer, Targ Węglowy

Nationalmuseum, Toruńska Str. 1

Post-Museum, Obr. Poczty Polskiej Str. 1/2

„Sołdek" Museumsschiff, Długie Pobrzeże

Alte Wasserschmiede, Bytowska Str. 1

Nationalmuseum, Moderne Kunst, Abtpalast, Cystersów Str. 15

St. Marienkirche, Piwna Str.

St. Bartholomäus-Kirche, Zaułek św. Bartłomieja 1

St. Elisabeth-Kirche, Elżbietańska Str. 1

St. Jacobs-Kirche, Wałowa Str. 28

St. Katharinen-Kirche, Profesorska Str. 3

St. Johannes-Kirche, Świętojańska Str. 50

st. Brigitten-Kirche, Profesorska Str. 17

St. Joseph-Kirche, Elżbietańska Str. 9/10

Kathedrale zu Oliva - Cystersów Str. 15

HOTELS

Hotel „Hevelius" - Heweliusza Str. 22, tel. (058) 31 56 31

Hotel „Novotel" - Pszenna Str. 1, tel. (058) 31 56 11

Hotel „Marina" - Jelitkowska Str. 20, tel. (058) 53 20 79

Hotel „Posejdon" - Kapliczna Str. 30, tel. (058) 53 18 03

Hotel „Jantar" - Długi Targ 19, tel. (058) 31 27 16

GDAŃSK, Gen. J. Hallera Al. 234
tel. (058) 43 56 00, fax (058) 43 55 47

Übernachtungen, Privatquartiere, Ausflüge, Reisen
Schulungen, Folklore, Transporte

Touristik-Abteilung Heweliusza Str. 8
Hotel „Jantar" Długi Targ 19, tel.(058)31-95-32

CAMPING
Jelitkowo Jelitkowska Str. 23, tel.(058)53-27-41
Brzeźno Gen. J. Hallera Str. 234, tel.(058)43-55-31
Stogi Środkowa Str. 1, tel.(058)37-39-15
Sobieszewo Lazurowa Str. 5, tel.(058)38-07-39

PORTUS

ERHOLUNGSZENTRUM PUS „PORTUS" Sp. z o.o.
GDAŃSK-STOGI, Wydmy Str. 6
200 Plätze, 3-,4-Personen-Campinghäuser, Mensa
Cafeteria, Sport- und Freizeitgeräte.
Information: Pus „PORTUS" Gdańsk Oliwska Str. 14/15
tel.(058)43-93-92, fax(058)43-93-25

HOTEL ☆☆☆
ŁAPINO bei GDAŃSK
Gemeinde Kolbudy, tel./fax(058)82-73-69
1-,2-,3- Bettzimmer (Telefon, TV, Bad), Restaurant, Café
Moglichkeiten für Banketts, Konferenzen, Schulungen
Information: PORT GDYNIA HOLDING S.A.
81-334 Gdynia Polska Str. 25
tel.(058)27-46-62, fax(058)21-55-17

„BARTAN" GDAŃSK - SOBIESZEWO
Turystyczna Str. 9 A, tel./fax (058) 38 07 79

ANDERE

SPORT- UND FREIZEITCENTER
Sopot Zacisze Str. 7/9
tel./fax(058)51-23-11
Fitness, Schwimmbad, Sauna, Sonnenstudio,
Schwimmstunden, Tennisunterricht, Squash,
Aerobic, Gymnastik, Massage.

POLSKA AGENCJA PROMOCJI TURYSTYKI
PRZEDSIĘBIORSTWO PAŃSTWOWE

POLNISCHE AGENTUR FÜR TOURISTIK - PROMOTION
Staatliches Unternehmen Regionalbüro Gdańsk
80 - 890 Gdańsk, Heweliusza Str. 27
tel.(058) 31 43 55, tel./fax: (058) 31 66 37